AF296547

ÉTUDE SUR L'ESSAI DES VINS

AU MOYEN DE

L'ÉBULLIOMÈTRE

PAR

J. SALLERON

CONSTRUCTEUR D'INSTRUMENTS DE PRÉCISION APPLIQUÉS A L'ŒNOLOGIE

Troisième Édition.

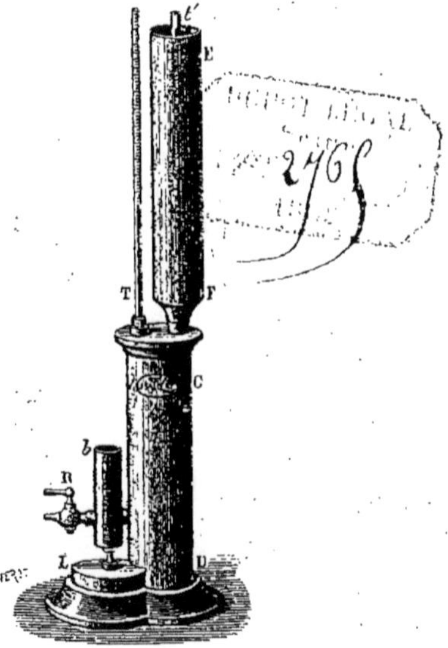

PARIS

CHEZ L'AUTEUR, 24, RUE PAVÉE-AU-MARAIS

1882

AVERTISSEMENT.

Cette nouvelle édition de l'étude que j'ai publiée en 1880 sur *le Dosage de l'alcool au moyen de l'Ébulliomètre*, présente avec son aînée quelques différences que je dois faire connaître.

J'ai décrit avec plus de détails le nouveau mode de chauffage que j'ai adopté, ainsi que la construction de la lampe à flamme constante, qui assurent la régularité de l'ébullition et la fixité des indications du thermomètre.

On remarquera que les tables traduisant en degrés centigrades les températures d'ébullition des liquides, depuis 1 jusqu'à 25 centièmes, que je publie aujourd'hui, diffèrent légèrement de celles qui figuraient dans la première édition. Bien que ces différences soient très faibles, je dois les signaler et je les expliquerai en disant que MM. Pinson et Petit et moi-même avons cru nécessaire, à la suite de changements apportés à la chaudière de l'Ébulliomètre, de répéter nos premières expériences et de les soumettre à un calcul plus rigoureux encore.

Enfin, j'ai supprimé de cette nouvelle édition tout le chapitre qui se rapporte à l'essai, par l'Ébulliomètre, des vins sucrés. J'ai pensé que cette méthode, fort indirecte d'ailleurs, ne satisfaisait pas aussi complètement l'esprit que la distillation ; et comme, en définitive, sa mise en œuvre ne manque pas d'une certaine complication, je ne vois, en réalité, aucun avantage à la substituer au procédé suivi jusqu'à présent et appliqué au moyen de l'Alambic qui porte mon nom.

J. SALLERON.

ÉTUDE SUR L'ESSAI DES VINS

AU MOYEN DE

L'ÉBULLIOMÈTRE

Par J. SALLERON

CONSTRUCTEUR D'INSTRUMENTS DE PRÉCISION

PARIS

Dans une première *Étude sur la température d'ébullition des spiritueux et sur le dosage de l'alcool au moyen de l'Ébullioscope,* que j'ai publiée en 1876, j'ai exposé la critique sincère et raisonnée d'un instrument fort ancien déjà, mais redevenu à la mode : je veux parler de *l'Ébullioscope.* J'ai montré que la principale cause d'erreurs de ce procédé d'analyse est la présence des matières solides dissoutes dans le mélange; j'ai prouvé, par un grand nombre d'expériences précises, que les corps dissous dans le vin peuvent fausser les résultats de plus de 1 degré alcoolique, et toujours en forçant le degré réel du liquide expérimenté. Je pensais alors qu'il suffisait d'appeler sur ce sujet l'attention du commerce des vins pour le mettre en garde contre les mécomptes qui pourraient résulter de l'emploi de cette méthode, mais, il faut bien le reconnaître, la simplicité de l'appareil, la facilité toute pratique de son usage, la fidélité de ses indications ont fait passer outre; aussi, en ce moment, l'Ébullioscope jouit-il près de nos négociants d'une certaine faveur.

Je ne viens pas aujourd'hui jeter un nouveau cri d'alarme; j'espère être mieux accueilli en apportant, non de nouvelles critiques, mais une solution à la plus grosse difficulté que j'ai signalée. Je viens faire connaître un procédé d'analyse *ébulliométrique* (qu'on me pardonne le néologisme), qui élimine l'action des sels dissous dans les vins sur leur température d'ébullition, de sorte que le nouvel *Ébulliomètre* que je propose donnera des indications exactes et comparables à celles de la distillation.

Avant d'aborder la discussion théorique de cette nouvelle méthode, il me semble nécessaire de dire quelques mots de l'instrument lui-même. Je dois rendre aussi aux divers inventeurs ayant collaboré à cette ingénieuse création la part qui leur est due; or, il est peu d'appareils scientifiques dont les transformations aient été plus nombreuses que celles de *l'Ébullioscope* et dont la paternité soit révendiquée par un plus grand nombre d'inventeurs. C'est ainsi que le 22 février 1833, un savant, M. Tabarié, de Montpellier, prit un brevet d'invention pour un nouvel *Œnoscope* fondé sur la température d'ébullition des liquides alcooliques; c'était donc un instrument composé d'une bouilloire et d'un thermomètre, mais la bouilloire était surmontée d'un réfrigérant, pour condenser les vapeurs fournies par l'ébullition, et les restituer au liquide bouillant, en maintenant la fixité de sa température. La description donnée par l'inventeur signale l'influence des changements de la pression barométrique sur la température d'ébullition des liquides alcooliques, et elle fournit le moyen d'en tenir compte. M. Tabarié spécifie également l'action des sels contenus dans le vin qui, d'après lui, doivent *élever la température en abaissant la richesse alcoolique* [1], mais il n'en donne pas la raison et n'indique aucun procédé pour rectifier l'observation.

Le 9 septembre 1842, M. l'abbé Brossard-Vidal, alors Principal du Collège de Toulon, réinvente et brevète de nouveau, sous le nom d'*Ébullioscope à cadran*, l'appareil de Tabarié, mais en le gâtant tout à fait. Le condenseur, cet organe essentiel, est supprimé. Le thermomètre est remplacé par un réservoir de mercure dans lequel plonge un flotteur qui communique ses mouvements, par le moyen de fils de soie, à une aiguille mobile devant un cadran. L'influence de la pression barométrique est déclarée insensible ou tout au moins négligeable; l'action des sels du vin est signalée et reconnue importante, mais singulièrement expliquée :

« Les sels et le sucre *se combinent* avec l'eau et non avec l'alcool, « d'où il résulte que dans ces mélanges, l'alcool loin d'être appauvri, « est au contraire enrichi d'une quantité égale au volume d'eau que « les sels ont absorbé. »

---

1. On verra plus loin que cette action s'opère en réalité en sens inverse.

Enfin, comme moyen correctif :

« Il suffit de retrancher 1 degré de l'indication de l'Ébullioscope
« quand l'alcoomètre de Gay-Lussac, plongé dans le vin, indique 12 de-
« grés de moins que l'Ébullioscope, etc... » Naturellement, l'Ébullioscope à cadran, malgré l'active propagande de son auteur et de ses
amis n'obtint aucun succès.

En 1846, parut en Angleterre, sous le nom de *Field's Alcoomether*,
une simplification de l'appareil de Tabarié; c'était un thermomètre
à mercure plongeant dans une bouilloire dépourvue de tout appareil
de condensation. Le gouvernement anglais, sous l'influence du Dr Ure,
alors chimiste de l'*Accise*, adopta cet appareil et s'en servit pendant
plusieurs années.

Le 30 mars 1847, M. Conati importait en France le *Field's Alcoo-
meter* et le brevetait sous le nom de *Thermomètre alcoométrique*.
Il s'agit donc encore ici de l'Œnoscope de Tabarié, muni d'une échelle
mobile pour les corrections barométriques, mais privé de son condenseur; malgré cette suppression intempestive, cet instrument, d'une
construction simple, économique, d'un emploi facile, fut employé
pendant plusieurs années par l'Administration de l'Octroi de Paris et
par le commerce des vins. On peut dire que cet appareil fit le premier apprécier les services que les négociants pouvaient tirer du
dosage de l'alcool. Il fut cependant abandonné pour la distillation et
son indiscutable exactitude.

Le 30 septembre 1848, Mlle Brossard-Vidal, sœur de l'inventeur
de l'Ébullioscope à cadran, jalouse sans doute des succès du Thermomètre alcoométrique, prit un nouveau brevet aussi nul que les pré-
cédents pour un nouvel *Ébullioscope à tige*, qui n'est rien autre que
le Thermomètre alcoométrique, mais dont le thermomètre coudé horizontalement indique la température *maximum*.

Le 7 octobre 1850, M. Tabarié, de Montpellier, voulant rajeunir son
invention, prend un nouveau brevet qui contient quelques idées ori-
ginales; le thermomètre indicateur est muni d'une échelle qui indique,
non pas des degrés centigrades, ni des richesses alcooliques, mais
les pressions barométriques correspondantes aux températures auxquelles l'eau entre en ébullition. Une échelle de comparaison trans-
forme ces degrés barométriques en richesses alcooliques. Enfin, l'action des sels du vin est étudiée de nouveau et reçoit cette bizarre
explication :

« Les substances de nature résineuse, colorante ou sucrée, qui sont
« dissoutes dans les mélanges alcooliques en *élèvent* la température,
« c'est-à-dire *retardent* l'ébullition. Les substances salines en *abais-*

« *sent* l'ébullition, c'est-à-dire *l'accélèrent*. Mais les vins ne contien-
« nent pas des résines ni des sels en proportions telles que leurs effets
« inverses se compensent toujours... » Suivent les tables de correction, calculées d'après ce principe qu'au-dessous de 7 °/₀ d'alcool les
liquides alcooliques subissent une élévation de température, tandis
qu'au-dessus de 7 °/₀ la température est abaissée.

Le 31 juillet 1872, Mlle Vidal et M. Malligand prennent un nouveau
brevet contenant la description des moyens qu'ils ont employés pour
graduer le thermomètre d'un nouvel *Ébullioscope*. Je puis me dis-
penser d'en parler ici, car ces moyens ne présentent aucune nouveauté
scientifique et d'ailleurs, dans la première partie de cette étude, j'ai
donné la preuve que cette échelle est fausse. On trouvera plus loin
(page 20) la valeur exacte de cette graduation.

Les 18 février, 30 mars 1874, 11 mai 1875 et 25 mars 1880, M. Malligand et Mlle Vidal prennent une nouvelle série de brevets d'invention
et d'addition pour assurer leurs droits à l'invention d'un nouvel instrument. Cette fois, il s'agit de l'Ébullioscope de Tabarié complètement
reconstitué ; le condenseur s'y trouve réintégré et breveté de nouveau ;
l'échelle mobile de Conati n'est pas oubliée ; mais le mode de chauffage est modifié. La chaudière, au lieu d'être soumise à l'action directe
de la flamme, est chauffée par la circulation du liquide, au moyen
d'un thermo-siphon. Quant à l'action des sels du vin, elle est diminuée par le coupage préalable du liquide avec de l'eau ; mais elle n'est
pas annulée.

J'ai cru, qu'à l'exemple de MM. Brossard, Conati, Brossard-Vidal
et Malligand, il me serait permis de prendre à mon tour dans l'invention fondamentale de Tabarié tout ce qui est réellement bon, de per-
fectionner ce qui est imparfait et de laisser de côté ce qui est faux.
C'est ainsi que je présente aujourd'hui un nouvel *Ébulliomètre* dont
je vais donner la description.

DESCRIPTION DE L'ÉBULLIOMÈTRE

Une chaudière A B (fig. 1 et 2), contenant le liquide soumis à l'expérience, est enfermée dans l'enveloppe ou fourneau CD. Cette enveloppe a pour but d'éviter les pertes de chaleur par rayonnnement et,
par conséquent, de diminuer la durée du chauffage. Dans la tubu-
lure T, on introduit un thermomètre divisé sur verre par dixièmes de
degré centigrade depuis 85 jusqu'à 101° ; le réservoir de mercure

plonge au sein du liquide chauffé[1]. Un condenseur EF, analogue à celui de Tabarié et tel qu'il a été construit par Liebig, est fixé sur le sommet de la chaudière, à côté du thermomètre ; il se compose d'un tube vertical tt', ouvert à ses deux extrémités, celle inférieure communiquant avec la chaudière ; ce tube est fixé au centre du réfrigérant EF qu'on remplit d'eau froide ; on a déjà deviné l'usage de cet organe important : quand le vin est en ébullition, la vapeur s'engage dans la tube tt', mais, refroidie par le réfrigérant, elle se con-

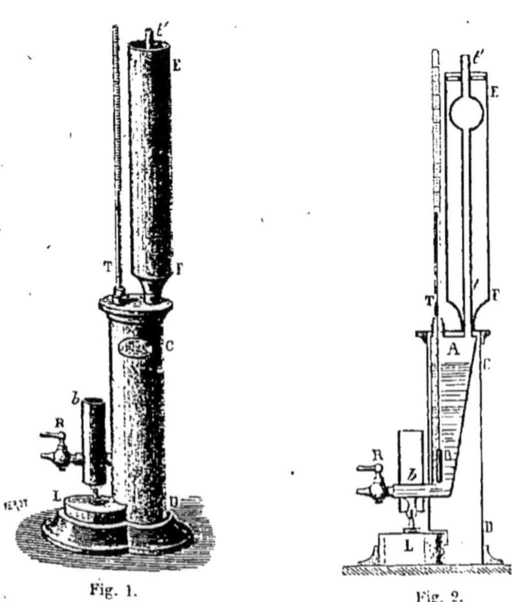

Fig. 1. Fig. 2.

dense et retombe dans la chaudière en maintenant ainsi le titre alcoolique du liquide bouillant.

Une lampe L chauffe la chaudière, mais la flamme n'est pas placée immédiatement au-dessous ; s'il en était ainsi, la production de la vapeur, lors de l'ébullition, serait tellemement active que l'appareil réfrigérant ne suffirait pas à la condenser ; la chambre A de la chaudière contiendrait une quantité variable de vapeurs alcooliques : la richesse du liquide en serait modifiée et la température accusée par le thermomètre ne resterait pas constante.

1. J'ai essayé de plonger le réservoir thermométrique dans la vapeur du liquide, afin d'éliminer bien des causes perturbatrices ; mais j'ai échoué devant la difficulté d'assurer l'homogénéité de l'atmosphère de vapeur qui surmonte le liquide alcoolique bouillant.

On a employé, pour éviter cet inconvénient, un thermo-syphon qui chauffe le liquide avec une grande régularité, mais aussi avec une grande lenteur [1]. On conçoit, en effet, qu'il faille un temps assez long pour faire passer successivement tout le liquide de la chaudière dans ce tube étroit. Il m'a semblé qu'on pouvait mieux faire. Je me suis contenté de diminuer la surface de chauffe de la chaudière en la courbant horizontalement à sa partie inférieure, afin que la flamme de la lampe ne frappe que l'étroite surface du bouilleur b ; de la sorte, la production des bulles de vapeur est notablement diminuée et régularisée. Ce nouveau mode de chauffage est très rapide et très constant, aussi l'ébullition se produit-elle avec une grande régularité en moins de 7 minutes.

La constance des indications du thermomètre plongé dans un Ébulliomètre dépend donc principalement du rapport qui existe entre la production de la vapeur, la capacité de la chambre de vapeur et la puissance de condensation de l'appareil réfrigérant. Les proportions de ces dernières restant constantes, il faut que la flamme de la lampe L soit aussi constante. Pour parvenir à ce résultat, j'ai combiné une lampe à alcool à mèche de hauteur invariable. Le porte-mèche se compose d'un tube M (fig. 3) dont la longueur est égale à la profondeur de la lampe ; toute la partie inférieure de ce tube qui plonge dans l'esprit de vin est remplie

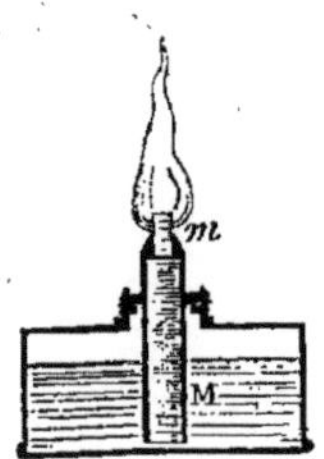

Fig. 3.

d'une mèche de coton inamovible. La partie supérieure m, située près de la flamme, présente un diamètre beaucoup plus petit ; elle est remplie par une mèche tressée cylindrique de 5 millimètres de diamètre et de 1 centimètre de hauteur, de sorte que la moitié de celle-ci dépasse hors du porte-mèche, tandis que l'autre moitié s'y trouve engagée et appuie sur la mèche inamovible. Cette dernière remplit le rôle de conducteur d'alcool, puisqu'elle alimente la petite mèche par capillarité. Voyons maintenant comment cette combinaison devient une lampe à flamme constante. Nous avons dit que la petite mèche était coupée à 10 millimètres de longueur et ne pouvait s'enfoncer que de 5 millimètres. Il est donc impossible de diminuer la hauteur de la mèche ; elle conserve forcément sa hauteur minimum de 5 millimètres, mais si l'on veut augmenter cette longueur pour obtenir plus de chaleur, la petite mèche élevée en dehors du porte-mèche ne touche plus la mèche conductrice, l'alcool n'y monte plus et la lampe s'éteint.

1. La durée d'une expérience au moyen de l'Ébullioscope, dépasse 15 minutes.

J'ai dit plus haut que le thermomètre de l'Ébulliomètre est divisé en dixièmes de degré centigrade. La nécessité de corriger les indications de l'instrument suivant la richesse extractive du liquide, explique suffisamment l'impossibilité de graduer directement cette échelle en degrés alcooliques, mais la division centigrade présente un autre avantage : il est plus facile de graduer exactement un thermomètre en degrés centigrades qu'en degrés alcooliques, car, dans la construction d'un thermomètre de cette précision, il faut absolument tenir compte des différences de section que présentent les diverses parties de la tige. Ce calibrage devient difficile et incertain quand il se combine avec une division à degrés inégaux, comme celle de l'Ébulliomètre. Pour ces raisons, j'ai cru préférable de conserver les degrés thermométriques qui rendent d'ailleurs l'instrument vérifiable par les procédés usuels.

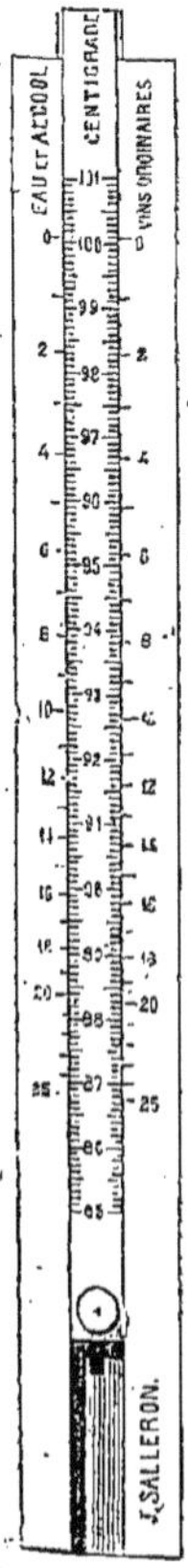

Quand on a déterminé, en degrés centigrades, la température d'ébullition d'un échantillon, il faut traduire cette température en richesse alcoolique. J'emploie pour cet usage une règle à coulisse (fig. 4), qui se compose d'une réglette médiane mobile entre deux échelles fixes ; cette réglette, qui est divisée en degrés centigrades, représente par conséquent l'échelle du thermomètre depuis 85 jusqu'à 101°. L'échelle de gauche, intitulée *Eau et Alcool*, est graduée depuis 0 jusqu'à 25° ; chaque degré est subdivisé en dix parties. L'échelle de droite, qui porte l'inscription *Vins ordinaires*, est divisée dans les mêmes limites et de la même manière ; les 0 des deux échelles se trouvent sur une même ligne droite, mais les autres degrés n'ont pas le même écartement, ainsi que je le dirai plus loin. Disons encore, pour éviter toute erreur de lecture, que l'échelle des températures est chiffrée en montant, de bas en haut, tandis que les échelles alcooliques le sont en descendant de haut en bas.

Fig. 4.

Quand on veut procéder à un essai ébulliométrique, il faut tout d'abord déterminer la température d'ébullition de l'eau, car on sait que cette température varie avec la pression barométrique. On fait donc bouillir de l'eau dans l'appareil et l'on observe la température indiquée par le thermomètre plongé dans la vapeur. Supposons que ce soit 100 degrés et 1 dixième. On desserre l'écrou qui retient la réglette immobile et on amène la division 100,1 en face du trait 0 des échelles fixes. Cette coïncidence étant obtenue, on fixe l'échelle mobile au moyen de son écrou et l'appareil est prêt à servir.

Si l'on essaie maintenant un liquide alcoolique ne contenant que de l'eau et de l'alcool et que le thermomètre marque 90,7, il suffit de chercher quelle est la division de l'échelle de gauche qui se trouve en face 90,7 ; on trouve 13°,8, qui représente la richesse alcoolique cherchée.

Si le liquide expérimenté est du vin, il faut lire sur l'échelle de droite marquée *Vins ordinaires* ; en face 90,7, on trouve 13°,5, richesse du vin essayé.

Pour terminer cette rapide description, il me reste à dire quelques mots de la graduation du thermomètre de l'Ébulliomètre et de l'échelle à coulisse qui l'accompagne, car de l'exactitude de ces instruments dépend toute la précision du procédé.

Dans la première partie de cette étude, publiée en 1876, j'ai dit que les bases de la construction de l'Ébullioscope étaient inconnues, et j'ai donné la preuve de l'inexactitude de cet instrument [1] ; je n'avais garde de donner prise à la même critique, aussi vais-je décrire avec quelques détails les moyens qui ont été employés pour que l'échelle de l'Ébulliomètre fût aussi exacte que l'alcoomètre de Gay-Lussac auquel elle doit se rapporter.

Il fallait d'abord déterminer avec une très grande précision les températures exprimées en degrés centigrades, auxquelles les liquides alcooliques entrent en ébullition. Il existe déjà des tables de ce genre ; il en a été publié par plusieurs physiciens, mais, outre qu'elles sont toutes dissemblables, elles ne représentent que les températures d'ébullition des mélanges alcooliques dans les vases avec lesquels chaque observateur a opéré, car il est connu que le même liquide bout à une température différente suivant qu'il est renfermé dans un vase de verre ou de métal, chauffé à feu nu ou au bain-marie, suivant que la vapeur du liquide s'échappe à l'air libre ou qu'elle est condensée et retombe dans le liquide lui-même, enfin, suivant la longueur de la colonne thermométrique située en dehors du vase. Il a donc fallu déterminer expérimentalement cette table des températures pour l'Ébulliomètre auquel elle devait être appliquée.

J'ai prié MM. Pinson et Petit, courtiers en vins, si connus à Bercy pour leurs savantes études sur l'Alcoométrie, de me seconder dans ce travail délicat ; je suis heureux, en leur témoignant ici toute ma reconnaissance, de décrire les procédés que nous avons employés et le degré de précision tout à fait inespéré que nous avons atteint.

---

1. Je donne plus loin la valeur exacte des degrés de cet appareil (voir page 20).

CONSTRUCTION DE L'ÉCHELLE ÉBULLIOMÉTRIQUE

Treize mélanges d'eau distillée et d'alcool vinique de richesses croissantes ont été préparés dans des proportions telles que chaque liquide différait du précédent d'environ 2 centièmes.

La densité de ces liquides a été déterminée au moyen d'un aéromètre de Fahrenheit ; on sait que cet instrument (fig. 5) se compose d'un flotteur de verre F d'un assez gros volume, terminé à sa partie supérieure par une tige de verre déliée, surmontée elle-même par une capsule C ; un poids ou lest soudé à la base du flotteur le fait enfoncer presque totalement quand il est plongé dans un liquide ; au milieu de la tige supérieure se trouve un repère ou trait d'affleurement. Lorsqu'on veut, avec cet aéromètre, déterminer la densité d'un liquide, on commence par peser l'instrument dans une balance ; on note son poids P ; on le plonge ensuite dans de l'eau distillée, et l'on met sur la capsule

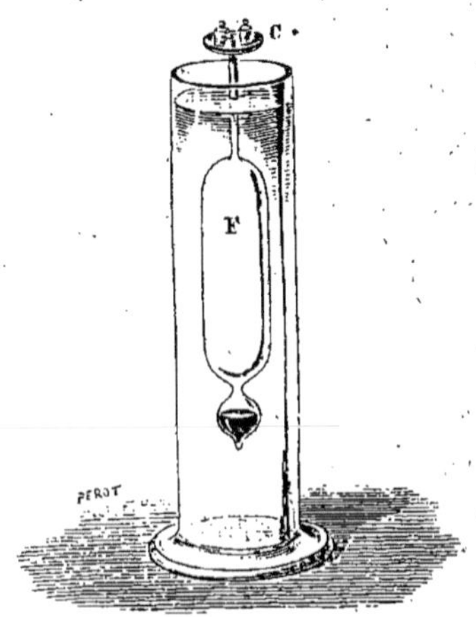

Fig. 5.

que porte la tige un poids p pour amener l'affleurement du repère avec la surface du liquide. P + p représente le poids du volume d'eau déplacé par l'aéromètre et, par suite, le volume de l'instrument lui-même. Ce premier résultat obtenu, on plonge l'aéromètre dans le le liquide dont on cherche la densité et l'on amène de nouveau l'affleurement avec un autre poids p'. Le poids du volume de liquide déplacé dans cette seconde expérience est P + p'. La densité cherchée est donc $\dfrac{P+p'}{P+p}$. Il va sans dire que le poids P + p de l'eau distillée déplacée par l'aéromètre doit être pris à la température de + 15°, qui a servi de base à Gay-Lussac pour la graduation de son alcoomètre centésimal, puisqu'on sait que, contrairement au système des poids et mesures français, les densités publiées par Gay-Lussac se rapportent au poids de l'eau distillée à la température de + 15°, pris comme unité.

L'aéromètre de Fahrenheit que nous avons employé a été pesé avec une grande rigueur par MM. Pinson et Petit ; son poids absolu, c'est-à-dire déduction faite du poids de l'air qu'il déplace est 115 gr. 2366

Quand l'aéromètre est plongé dans l'eau, il s'élève tout autour de sa tige une couronne liquide soulevée, par la capillarité, et nommée *ménisque*, dont le poids s'ajoute à celui de l'instrument. Au moyen de procédés ingénieux et qui leur sont personnels [1], MM. Pinson et Petit sont parvenus à déterminer ce poids m; il est pour l'eau, de .... 0 gr. 0247

Le poids additionnel p nécessaire pour faire enfoncer l'aéromètre jusqu'à son point de repère, quand il est plongé dans l'eau distillée à la température de 15° est 6 gr. 5160

La somme $P+p+m$ des poids qui font enfoncer l'instrument dans l'eau à + 15° est donc .... 121 gr. 7773

Pour obtenir la densité des 13 liquides alcooliques déjà préparés, on a déterminé les poids $p'\ p''$, etc., qu'il a fallu ajouter dans la capsule de l'aéromètre pour le faire immerger jusqu'à son trait d'affleurement dans chacun de ces liquides, quand la température était 15°, et divisé les poids $P+p'+m'$; $P+p''+m''$: etc., ainsi obtenus par 121,7773.

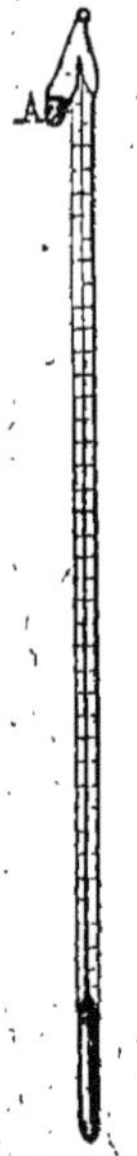

Ces rapports étant connus, la table dressée par Gay-Lussac, et publiée par M. Collardeau, donne les richesses alcooliques correspondantes.

Enfin, MM. Pinson et Petit de leur côté, et moi du mien, avons déterminé avec la même précision les températures auxquelles ces différents liquides ont bouilli dans l'Ébulliomètre que je viens de décrire.

Il ne me semble pas inutile d'indiquer le mode de construction des thermomètres étalons que nous avons employés, car ces instruments, qui ne portaient que 15 degrés centigrades dans toute leur longueur et dont les divisions permettaient l'appréciation exacte de 1/100 de degré, présentaient quelques difficultés d'exécution. Chacun de ces thermomètres était à déversement (fig. 6); on pouvait donc faire passer à volonté une partie du mercure de la colonne thermométrique dans l'ampoule A soufflée au sommet de la tige. La hauteur de la colonne de mercure a été d'abord convenablement réglée pour que le thermomètre, plongé dans la glace fondante, marque quelqu'une des premières divisions de la tige : c'était pour l'un de ces deux instruments, 3,50.

Fig. 6.

1. *Graduation de l'Alcoomètre de Gay-Lussac dans l'eau et vérification de l'Alcoomètre par MM. A Pinson et J. Petit.* Paris 1874.

Cette graduation était donc arbitraire quant à sa valeur thermométrique; chacune de ses divisions représentait seulement une capacité égale. Le thermomètre, retiré de la glace, a été plongé dans de l'eau à la température ambiante, en même temps qu'un thermomètre étalon; quand ce dernier marquait 15°, le thermomètre à déversement indiquait 239,75.

La valeur de 1 degré centigrade est donc :

$$\frac{239,75 - 3,5}{15} = 15 \text{ div. } 75.$$

Une partie du mercure de la tige thermométrique a été chassée dans l'ampoule de déversement et le thermomètre, ainsi modifié et plongé dans la vapeur d'eau bouillante, sous la pression de 765^{mm}32, correspondant à la température 100°,2, a marqué 285 div. 25.

Le nombre de degrés compris maintenant entre les divisions 3,50 et 239,75 n'est plus 15, il est devenu :

$$\frac{\left(1 + \frac{1}{6480} \times 100,2\right)15}{1 + \frac{1}{6480} \times 15} = \frac{6580,2 \times 15}{6495} = 15,197,$$

La nouvelle valeur du degré centigrade est donc :

$$\frac{239,75 - 3,5}{15,197} = 15 \text{ div. } 545,$$

et celle d'une division est :

$$\frac{15,197}{239,75 - 3,5} = 0°,0643.$$

J'ai dit que les températures d'ébullition avaient été déterminées par deux expérimentateurs, au moyen de deux ébulliomètres et de deux thermomètres différents. Il était intéressant, en effet, de comparer les résultats fournis par deux expériences aussi distinctes; on y devait trouver la certitude qu'aucune erreur expérimentale n'avait été commise et en même temps évaluer le degré de précision que l'Ébulliomètre pouvait atteindre.

Le tableau suivant résume les résultats ainsi obtenus.

La colonne :

A, donne le poids p qu'il a fallu ajouter dans la capsule de l'aréomètre pour obtenir l'affleurement;

B, le poids m du ménisque soulevé autour de la tige de l'aréomètre;

C, la densité du liquide par rapport à celle de l'eau distillée à +15°, prise pour unité;

D, le titre alcoolique correspondant et déduit par interpolation de la table de Gay-Lussac;

E, la température d'ébullition, exprimée en degrés centigrades, obtenue par MM. Pinson et Petit opérant de leur côté avec l'un des thermomètres;

F, la même température mesurée par moi-même, au moyen d'un autre Ébulliomètre et du second thermomètre;

G, la température d'ébullition, moyenne des deux précédentes.

Numéros des expériences.	A Poids p	B Poids du ménisque m	C Densités	D Richesses alcooliques.	E Températures d'ébullition en degrés centigrades. (P. et P.)	F Températures d'ébullition en degrés centigrades. (J. S.)	G Températures d'ébullition moyennes.
1	6,516	0,025	1,000000	0,00	100,20	100,20	100,20
2	6,155	0,024	0,997028	1,97	98,48	98,44	98,46
3	5,820	0,023	0,994269	3,94	96,71	96,72	96,72
4	5,495	0,023	0,991600	6,00	95,17	95,23	95,20
5	5,195	0,022	o,989129	7,89	93,91	93,88	93,90
6	4,900	0,022	0,986706	9,93	92,72	92,72	92,72
7	4,635	0,022	0,984530	11,87	91,69	91,69	91,69
8	4,370	0,021	0,982346	13,87	90,72	90,76	90,74
9	4,110	0,021	0,980211	15,98	89,86	89,92	89,89
10	3,865	0,021	0,978199	17,98	89,09	89,17	89,13
11	3,620	0,021	0,976187	20,08	88,37	88,44	88,40
12	3,385	0,021	,974257	21,94	87,78	87,85	87,81
13	3,125	0,020	0,972114	24,02	87,16	87,22	87,19
14	2,885	0,020	0, 70143	25,88	86,67	86,75	86,71

Ce tableau montre la parfaite concordance des résultats obtenus, puisque, entre les nombres des deux colonnes E et F, les plus grands écarts n'atteignent pas un dixième de degré centigrade, ni un dixième de degré alcoolique. Enfin le même tableau a servi de base pour la construction d'un tracé graphique à grande échelle, dont les ordonnées représentent les richesses alcooliques et les abscisses les températures d'ébullition correspondantes à chacun des degrés alcooliques centésimaux. Ce graphique montre également la précision des expériences, car bien qu'il s'appuie sur des chiffres très rapprochés, il n'a fallu modifier ces derniers que de quelques centièmes de degré pour obtenir une courbe d'une correction absolue. Aussi je publie ce dernier tableau avec une entière confiance dans sa parfaite exactitude.

Richesses alcooliques en centièmes.	Températures d'ébullition en degrés centigr.	Richesses alcooliques en centièmes.	Températures d'ébullition en degrés centigr.
0	100,00	13	91,00
1	99,10	14	90,50
2	98,28	15	90,08
3	97,39	16	89,68
4	96,56	17	89,30
5	95,78	18	88,92
6	95,00	19	88,59
7	94,31	20	88,23
8	93,64	21	87,95
9	93,04	22	87,60
10	92,51	23	87,31
11	91,96	24	87,00
12	91,49	25	86,74

Nota. — Ces tables comparées à celles que j'ai données dans la première édition de cette notice, présentent quelques légères différences, résultat d'un changement de forme apporté à la chaudière de l'Ébulliomètre. M. Pinson et Petit et moi-même avons profité de cette circonstance pour refaire nos expériences dans de nouvelles conditions d'exactitude qui les rendent indiscutables.

On a déjà compris que les nombres de ce dernier tableau ont servi à la graduation de l'échelle ébulliométrique décrite plus haut ; en effet, le côté gauche, *Eau et Alcool*, de cette échelle n'en est que la reproduction. Quant au côté droit, *Vins ordinaires*, j'indiquerai dans un chapitre spécial son mode de graduation et son utilité (voir page 18).

THÉORIE DE L'ÉBULLIOMÈTRE

Je dois rappeler ici l'une des propositions que j'ai démontrées expérimentalement dans la publication précitée [1]. *La température d'ébullition des vins secs dépend seulement des proportions d'eau et d'alcool qu'ils contiennent et non pas de la quantité de matières solides qui s'y trouvent dissoutes.*

Ainsi, un vin contenant :

$$15 \text{ volumes d'alcool,}$$
$$5 \quad — \quad \text{de matières dissoutes,}$$
$$80 \quad — \quad \text{d'eau,}$$
$$\text{total......} \quad 100 \text{ volumes,}$$

1. *Étude sur la température d'ébullition des spiritueux et sur le dosage de l'alcool au moyen de l'Ebullioscope*, par J. Salleron. Paris, 1876.

bout exactement à la même température qu'un autre liquide contenant : 15 volumes d'alcool,

$$80 \quad - \quad \text{d'eau,}$$

Total...... $\overline{95}$ volumes.

Cependant la richesse alcoolique du premier mélange est $\frac{15}{100}$. tandis que celle du second est $\frac{15}{95}$ ou 15,8 °/₀.

Nous pourrons en obtenir la preuve par d'autres expériences non moins concluantes.

1° Dans un liquide alcoolique, eau et alcool, bouillant à 90° centigrades, nous ajoutons un ou plusieurs des sels qui entrent dans la composition du vin et en proportions même considérables, disons jusqu'à saturation ; le thermomètre plongé dans ce liquide marque toujours 90°.

Les matières solides ajoutées ont, il est vrai, changé le volume total du mélange et, par suite, sa richesse alcoolique relative, mais la proportion d'*eau* et d'*alcool* étant restée constante, la température d'ébullition est elle-même constante. De plus, les corps dissous sont en proportion trop faible pour modifier par eux-mêmes cette température.

2° Dans de l'eau pure, nous faisons dissoudre les matières solides extraites d'un vin sec qui en contenait 35 grammes par litre, sans que sa température d'ébullition soit changée d'une quantité appréciable.

3° Nous faisons évaporer du vin, afin d'en chasser entièrement l'alcool : nous ramenons cette vinasse, en y ajoutant de l'eau, au volume primitif du vin, de sorte que nous reconstituons le vin au point de vue de sa composition chimique, sauf qu'il ne renferme plus d'alcool : sa température d'ébullition est celle de l'eau pure.

Il résulte de cette proposition, bien démontrée par l'expérience, que les Ébullioscopes sont des instruments *qui dosent l'alcool contenu dans le vin sans tenir compte des matières autres que l'eau et l'alcool renfermées dans le mélange.* Leurs indications sont donc toujours trop fortes, et d'autant plus que le vin est plus riche en *alcool et en extrait sec.*

En voici quelques exemples :

Un vin du centre de la France contient 9 vol. d'alcool,

$$1 \quad - \quad \text{de matières solides,}$$
$$90 \quad - \quad \text{d'eau,}$$

Total .... $\overline{100}$ volumes.

Sa richesse alcoolique est évidemment 9 °/₀.

Ce vin se comportera comme s'il contenait :

9 volumes d'alcool,

90 — d'eau,

Total...... 99 volumes,

soit $\frac{9}{99}$ ou 9,09 et l'Ébullioscope indiquera par conséquent 9°1.

Mais un vin sec du Midi, d'Espagne ou d'Italie, riche en alcool et en matière extractive, composé de :

Alcool.............. 15
Matière extractive... 2
Eau.............. 83
Total........., 100

et contenant par conséquent $\frac{15}{100}$ d'alcool, se comportera comme s'il était composé de :

Alcool.............. 15
Eau.............. 83
Total......... 98

soit $\frac{15}{98}$ ou 15,3.

L'Ébullioscope sera ici déjà en faute de 0°3. Mais prenons un vin de liqueur, comme le Malaga, contenant :

Alcool.............. 20
Sels et sucre....... 10
Eau.............. 70
Total......... 100

soit 20 °/₀ d'alcool.

En admettant, ce qui n'est pas prouvé, que le sucre de raisin ne modifie pas la température d'ébullition du liquide dans lequel il est dissous, l'Ébullioscope indiquera une richesse de $\frac{20}{90} = 22°,2$, en erreur de 2°, 2.

J'ai dit plus haut (p. 4) que le coupage du vin avec de l'eau diminuait l'action des corps dissous dans le vin sans l'annuler. En effet, reprenons notre dernier exemple et coupons avec un volume d'eau ce vin de Malaga riche à 20 °/₀.

Le Malaga ainsi étendu contiendra :

Alcool................ 20 volumes,
Sels et sucre.......... 10 —
Eau................ 170 —
Total........... 200 volumes.

L'Ébullioscope indiquera une richesse de $\frac{20}{190} \times 2 = 21°04$,

Si le coupage est porté à 3 volumes d'eau pour 1 de vin, l'Ébullioscope indiquera encore 20,51, *sans compter les erreurs possibles sur la lecture du thermomètre, lesquelles se trouvant multipliées par 4, pourraient très bien augmenter l'erreur principale au lieu de la diminuer.*

On peut même montrer d'une manière générale que ce coupage est un procédé incorrect.

En effet, soient pour 100 parties :

A, le volume de l'alcool ;

V, celui de l'eau ayant subi la contraction due à son mélange avec l'alcool.

v, celui des matières dissoutes.

La richesse alcoolique vraie est $\dfrac{A}{100}$; la richesse indiquée par l'Ébullioscope serait, d'après ce que j'ai dit, $\dfrac{A}{V+A} = \dfrac{A}{100 - v}$. Si l'on double le volume primitif en ajoutant 100 parties d'eau, la richesse vraie devient $\dfrac{A}{200} = \dfrac{1}{2} \times \dfrac{A}{100}$; elle est exactement réduite de moitié.

Mais avec l'Ébullioscope, la richesse est $\dfrac{A}{100 - v + 100} = \dfrac{A}{200 - v}$. Or la moitié de la richesse primitivement trouvée serait

$$\frac{1}{2} \times \frac{A}{100 - v} = \frac{A}{200 - 2v}.$$

Ces deux dernières expressions ne sont donc pas égales. Pour qu'elles le fussent, il faudrait, dans le coupage, ajouter $100 - v$ parties d'eau, au lieu de 100, ce qui exigerait que l'on connût le volume occupé dans le vin par la matière extractive.

Je vais montrer comment on peut le déterminer avec une exactitude suffisante et employer ce résultat pour corriger les indications de l'Ébullioscope. Conservons les notations précédentes et soient en outre :

E, l'indication de l'Ébullioscope ;

R, la richesse alcoolique du mélange.

La richesse alcoolique vraie est le rapport du volume de l'alcool au volume total représenté par 100 parties. D'après ce que j'ai dit précédemment, la richesse mesurée par l'Ébullioscope est le rapport du volume de l'alcool à la somme des volumes de l'eau et de l'alcool, c'est-à-dire au volume total diminué de celui des sels. On a donc les deux égalités suivantes :

$$R = \frac{A}{100}, \qquad E = \frac{A}{V + A},$$

Et, en divisant ces deux expressions l'une par l'autre, on trouve :

$$\frac{R}{E} = \frac{V + A}{100}, \text{ d'où } R = \frac{V + A}{100} \times E.$$

D'ailleurs $V = 100 - (A + v)$.

En substituant cette valeur de V dans celle de R, il vient :

$$R = \frac{100 - v}{100} \times E = E\left(1 - \frac{v}{100}\right), \qquad (A)$$

formule qui montre bien l'influence des matières extractives sur les indications de l'Ébullioscope.

En l'appliquant au dernier exemple que je viens de citer, on obtient :

$$R = 22,2\left(1 - \frac{10}{100}\right) = 22,2 \times 0,9 = 19,98$$

Tout le problème consiste donc à déterminer le volume v de l'*Extrait sec* contenu dans le vin essayé. Or, il existe aujourd'hui un procédé exact et pratique du dosage des matières extractives contenues dans les vins. Je veux parler de la méthode œnobarométrique de M. E. Houdart[1]. On sait que l'*Œnobaromètre* est un aréomètre qui, plongé dans le vin, en indique la densité. Connaissant celle-ci et la richesse alcoolique du vin, il est facile d'en déduire le volume des matières solides dissoutes au moyen de la formule suivante :

$$v = \frac{2,062}{1,94} \times (D - D'), \qquad (B)$$

dans laquelle :

D, représente la densité du vin à la température de 15°, exprimée en grammes pour 1 litre;

D', la densité d'un mélange d'eau et d'alcool purs ayant la même richesse alcoolique que le vin lui-même;

2, 062, un coefficient constant, déterminé expérimentalement par M. Houdart, et se rapportant à la densité moyenne de l'extrait sec des vins;

1, 94, la densité moyenne des sels du vin déterminée également par M. Houdart.

---

1. *Nouvelle méthode pour le dosage de l'extrait sec des vins par l'aréométrie*, par E. Houdart. Paris, 1877.

Exemple :

D = 995,

D' = 980,

$$\frac{2,062}{1,94} \times (995 - 980) = 15^{cc}9,$$ volume de l'extrait sec contenu dans le vin.

La méthode de M. Houdart nous sera donc d'un grand secours ; elle nous permettra de calculer la richesse alcoolique vraie des liquides spiritueux, connaissant l'indication de l'Ébullioscope et celle de l'Œnobaromètre. On pourrait, il est vrai, objecter que la densité 1,94, adoptée par M. Houdart, est un chiffre moyen qui ne présente pas une rigueur absolue, puisque les densités extrêmes qu'il a rencontrées s'élèvent à 2,05 et descendent à 1,83. Mais je répondrai que si le poids de la matière extractive joue dans le calcul un rôle important, il n'est besoin de le connaître qu'avec une faible approximation. Attribuons, par exemple, les densités 2,05, 1,94 et 1,83 à l'exemple cité page 15 :

Vin sec du midi, contenant :

Alcool.............	15 volumes,
Matières extractives.	2 —
Eau...............	83 —
Total.....	100 volumes,

et renfermant par conséquent 15 % d'alcool.

La richesse alcoolique, accusée par l'Ébullioscope et calculée avec la densité 2,05, sera 15,28 ;

Avec la densité 1,94, elle deviendra 15,30 ;

Avec la densité 1,83, elle ne sera encore que 15,32.

On voit que ces trois chiffres sont assez voisins pour être confondus.

CONSTRUCTION D'UN ÉBULLIOMÈTRE PRATIQUE

Je crois avoir développé, dans le chapitre précédent, la théorie complète de l'Ébulliomètre et fait connaître avec une rigueur toute mathématique ce que l'on peut attendre de cet instrument ; j'ai exposé avec tous les détails nécessaires, les formules qui permettent de corriger les indications brutes d'un thermomètre plongé dans un liquide alcoolique bouillant, mais s'ensuit-il que ces formules qui assurent l'exactitude de l'instrument rendent son emploi simple et facile ? Non, au contraire, car s'il faut adjoindre à l'Ébullioscope : un densimètre, un thermomètre, de nombreuses tables de correction, etc., l'instrument perd tous ses avantages et devient de beaucoup inférieur à la distillation, car, quoi que nous fassions, la distillation sera toujours le procédé alcoométrique le plus rigoureux, et toute méthode dont la manipulation sera aussi compliquée ne pourra lui être comparée. Mais si l'Ébulliomètre est réellement d'un emploi commode et rapide, nous pouvons, en ne lui demandant que l'opération la plus généralement usitée, en ne l'appliquant qu'au dosage de l'alcool des *vins secs*, nous pouvons, dis-je, en faire un très bon instrument. L'Ébulliomètre, dont j'ai donné plus haut la description, me semble réunir ces conditions.

Il est bien certain que, grâce à l'échelle ébulliométrique construite avec la collaboration de MM. Pinson et Petit, l'Ébulliomètre fera connaître très exactement la richesse alcoolique des mélanges d'eau et d'alcool purs. Que faut-il pour que cette exactitude soit la même quand le liquide essayé est du vin contenant des sels en dissolution? Il suffit de construire une seconde échelle dans laquelle nous ferons intervenir le volume occupé par la matière extractive, et c'est précisément cette graduation, calculée au moyen de la formule (A), pour une richesse saline de 25 grammes par litre, qui figure à la droite de l'échelle ébulliométrique sous le nom : *Vins ordinaires*.

L'analyse chimique accuse, pour les poids *maxima* et *minima* de *l'extrait sec* contenu dans nos vins de France, les chiffres extrêmes de 15 grammes pour les vins du Centre des mauvaises années, et 30 grammes pour les vins de nos pays méridionaux des années les mieux réussies. Calculons cette nouvelle échelle pour une richesse *extractive de 25 grammes* et cherchons les erreurs qu'elle nous fera commettre quand nous opérerons sur un vin faible à 15 grammes d'extrait et sur un vin fort à 30 grammes, vinés tous les deux à 15 degrés.

La formule (A) nous donne les résultats suivants :

Pour le vin à 15 grammes d'*extrait sec* par litre, la richesse accusée sera trop faible de 0,07; pour le vin à 30 grammes, elle sera trop forte de 0,04. En aucun cas, l'erreur ne dépassera donc pas 0,07, et il faudrait que la richesse extractive du vin s'élevât jusqu'à 37 gr. par litre pour que le résultat alcoométrique fût faussé de 0,1.

En résumé, quand les vins soumis à l'analyse ne contiendront qu'une richesse extractive moyenne, comme celle des vins blancs et rouges qui entrent dans la consommation de notre pays, on pourra compter sur l'exactitude des résultats fournis par l'Ébulliomètre; mais, quand il s'agira de vins liquoreux et de liqueurs sucrées, il sera certainement plus rationel de recourir à la distillation. D'ailleurs j'ai montré, en 1876[1], que le dosage de l'alcool, au moyen de la température d'ébullition, est sujet à d'autres causes d'erreurs que je rappelle brièvement : correction imparfaite de l'influence de la pression barométrique; action de l'acide

1. *Étude sur la température d'ébullition des spiritueux* (pages 3, 13 et 14).

acétique inverse de celle des matières extractives; modifications du verre
des thermomètres. Ces causes perturbatrices s'opposent à ce que les indications des Ébullioscopes puissent être acceptées comme donnant des
résultats d'une exactitude indubitable.

J'ai dit, pages 4 et 8, que l'échelle de l'Ébullioscope de M. Malligand et de
Mlle Brossard-Vidal est inexacte. Le seul examen de sa graduation accuse de telles
irrégularités dans l'espacement relatif des divisions, qu'il est impossible d'admettre
que ces écartements correspondent à la loi naturelle de l'ébullition des liquides
alcooliques. MM. Pinson et Petit ont voulu élucider cette question; ils ont fait
bouillir dans un Ébullioscope une série de 13 mélanges d'eau et d'alcool, dont les
densités et les richesses alcooliques correspondantes ont été déterminées par les
procédés précis que nous avons décrits plus haut. J'ai pensé qu'il serait utile de
publier les résultats de cette intéressante comparaison, afin qu'on puisse, au besoin,
ramener à la même unité les chiffres fournis par les différents instruments
ébulliométriques.

Degrés de l'Ébullioscope.	Richesses alcooliques correspondantes.	Degrés de l'Ébullioscope.	Richesses alcooliques correspondantes.
0	0	13	13,08
1	1,04	14	14,12
2	2,07	15	15,29
3	3,06	16	16,36
4	4,06	17	17,25
5	5,10	18	18,19
6	6,13	19	19,27
7	7,11	20	20,33
8	8,09	21	21,34
9	9,11	22	22,34
10	10,12	23	23,21
11	11,08	24	24,07
12	12,05	25	24,99

L'examen de ce tableau montre que l'Ébullioscope accuse des richesses *trop
faibles* quand on expérimente des mélanges *d'eau et d'alcool purs*. D'autre part,
il est reconnu que ses indications sont toujours *trop fortes*, quand on opère sur
des *vins*, et d'autant plus fortes que les vins sont plus riches en matières extractives. Il est regrettable que les bases qui ont servi à la graduation de cet instrument ne soient pas mieux connues.

Paris. — Typographie Paul Schmidt, 5, rue Perronet.

www.ingramcontent.com/pod-product-compliance
Ingram Content Group UK Ltd.
Pitfield, Milton Keynes, MK11 3LW, UK
UKHW020115100726
13658UKWH00005B/2190

9 782019 981877